AF232202

CONCORDANCE

DE

QUELQUES PROPHÉTIES

SUR

LES ÉVÉNEMENTS PRÉSENTS

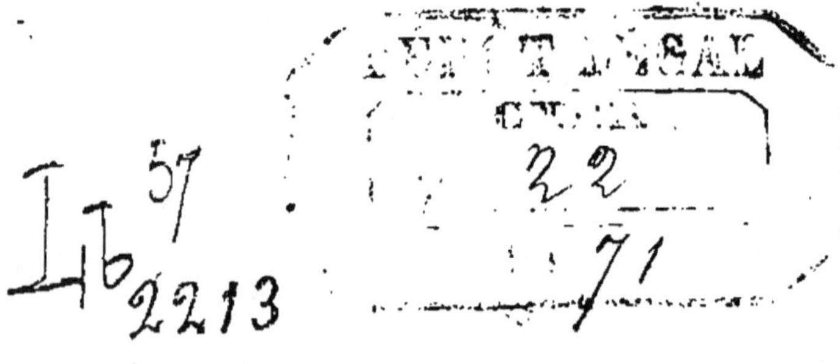

CONCORDANCE

DE

QUELQUES PROPHÉTIES

SUR

LES ÉVÉNEMENTS PRÉSENTS

BOURGES

E. PIGELET, IMPRIMEUR RUE DES ARÈNES, 33

—

1871

CONCORDANCE

DE

QUELQUES PROPHÉTIES

SUR

LES ÉVÉNEMENTS PRÉSENTS

Un grand nombre de prophéties circulent er
ce moment, et elles sont diversement accueil-
lies ; les uns les rejettent systématiquement e
sans examen, d'autres les acceptent aveugle-
ment.

L'ancien Testament prouve qu'il y a eu au
trefois des prophètes et des prophéties, du moins
c'est une preuve pour un chrétien ; il n'est donc

pas impossible qu'il y en ait de nos jours. Des hommes éminents l'ont pensé :

« Dieu suscite d'âge en âge des hommes pleins de son esprit et de ses lumières, devant qui il soulève le voile de l'avenir, et qu'il charge d'aller dire à leurs frères ce qu'ils ont vu et entendu.

« FRAYSSINOUS. *Conférences sur les Prophètes.* »

« L'esprit prophétique est naturel à l'homme et ne cessera de s'agiter dans le monde. Si on demande ce que c'est que cet esprit prophétique ; je répondrai que jamais il n'y a eu dans le monde de grands événements qui n'aient été prédits de quelque manière.

« Joseph de MAISTRE. *Soirées de Saint-Pétersbourg.* »

On pourrait citer d'autres noms encore.

Je ne veux pas conclure cependant à l'obligation de croire aux prophéties ; on peut être et rester excellent catholique sans croire à aucune

prédiction, sauf à celles des saintes Écritures
dont l'Église nous enseigne l'inspiration divine.

Deux causes contribuent à ôter la confiance
dans les prophéties; c'est l'obscurité qu'elles
ont généralement et c'est surtout l'engouement
de certaines personnes qui, non-seulement
croient d'une façon absolue, mais encore qui
veulent imposer l'interprétation plus ou moins
rigoureuse qu'elles ont imaginée.

Pourtant rien n'est plus difficile que d'inter-
préter une prophétie tant qu'elle ne s'est pas
accomplie.

La prophétie dite de Blois a jeté un grand
trouble dans les esprits durant ces derniers
temps; mais pourquoi s'est-on obstiné à y voir
des choses qui n'y étaient pas et à ajouter une
confiance aveugle à un texte plus ou moins al-
téré peut-être ?

Évidemment il ne faut ni tout accepter, ni
tout rejeter, mais accorder plutôt un degré de
confiance en rapport avec les conditions dans
lesquelles les prophéties nous sont présentées.

Émanent-elles d'une personne vraiment religieuse et, si elle n'existe plus, est-ce bien le
texte authentique qu'elle a laissé ? Enfin une
épreuve de nature à donner confiance à tous,

c'est la réalisation d'événements annoncés; qui est déjà effectuée.

Parmi les prophéties en circulation, il en est certaines qui m'ont semblé plus intéressantes par l'authenticité qu'elles m'ont paru avoir, la précision des détails et la moins grande difficulté d'interprétation. Les voici :

Prophétie d'Orval.

« Malheur à toi, grande ville! Voici des rois armés par le Seigneur... mais déjà le feu t'a égalée à la terre. Pourtant les justes ne périront pas. Dieu les a écartés. La place du crime est purgée par le feu. Le grand ruisseau a éconduit toutes rouges de sang ses eaux à la mer et la Gaule vue comme délabrée va le rejoindre. Venez jeune prince; quittez l'île de la captivité, oyez, joignez le lion à la fleur blanche. Venez.

« Ce qui est prévu, Dieu le veut.

« Le vieux sang des siècles terminera encore de longues divisions, lors un seul pasteur sera vu dans la céleste Gaule. . . . . »

Prophétie du P. Necktou

FAITE AVANT LA GRANDE RÉVOLUTION.

« Un nom odieux à la France sera placé sur le trône, un d'Orléans sera roi. Ce ne sera qu'après celà que se fera la contre-révolution.

« Elle ne se fera pas par les étrangers, mais il se formera en France deux partis qui se feront une guerre à mort. L'un sera plus nombreux que l'autre ; mais ce sera le plus faible qui triomphera. Il y aura alors un moment si affreux, qu'on se croira à la fin du monde. Le sang ruissellera dans plusieurs grandes villes ; les éléments seront soulevés. Il périra en cette catastrophe une grande multitude ; mais les méchants ne prévaudront pas. Ils auront l'intention de ruiner l'Église, mais ils n'en auront pas le temps, car cette crise épouvantable sera de courte durée et ce sera au moment où l'on croira tout perdu que tout sera sauvé. Quand cette grande crise arrivera, il n'y aura rien à faire, sinon de rester où Dieu nous aura mis et d'y persévérer dans la prière.

« Durant ce bouleversement qui sera général et non pour la France seulement, Paris sera entièrement détruit, tellement que, vingt ans après, les pères se promeneront avec leurs enfants dans ses ruines; ceux-ci leur demanderont ce que c'est que cet endroit et ils répondront : Mon fils, il y avait là une grande ville que Dieu a détruite à cause de ses crimes.

« A la suite de cet événement affreux, tout rentrera dans l'ordre, justice sera faite à tout le monde et la contre-révolution sera accomplie; et alors le triomphe de l'Église sera tel qu'il n'y en aura jamais plus de semblable, parce que ce sera le dernier triomphe de l'Église sur la terre.

« On sera près de cet événement, lorsque l'Angleterre commencera à s'ébranler, et on le saura à ce signe, comme on sait que l'été approche quand les feuilles du figuier commencent à reverdir.

« L'Angleterre éprouvera à son tour une
révolution plus affreuse que la première révolution française, et cette révolution durera assez
longtemps pour donner à la France le temps
de se rasseoir : et ce sera la France qui aidera
l'Angleterre à rentrer dans la paix.

« Lorsqu'on sera près des événements ci-
dessus annoncés, tout sera tellement troublé sur
la terre, qu'il semblera que Dieu ne s'occupe
plus des hommes et qu'il a entièrement perdu
la Providence. »

Prophétie de l'abbé Souffran.

FAITE EN 1817.

Ne vous réjouissez pas trop de la Restauration,
car votre joie ne sera pas longue. La branche
aînée des Bourbons quittera encore la France.
Le moment sera proche, lorsqu'on réparera partout les chemins vicinaux et qu'on fera la guerre
aux Turcs.

Sous le règne de l'usurpation, un mouvement sera tenté dans la Vendée, mais ce sera peu de chose.

L'usurpation sera chassée à son tour, et le moment de sa chute aura lieu lorsqu'on voyagera avec la rapidité des oiseaux.

Ceci sera aussi précédé de mouvements en Italie. La république sera alors proclamée, mais durera peu. Vous entendrez alors plusieurs cris, d'abord : Vive la République ! puis : Vive Napoléon ! enfin : Vive le grand monarque que Dieu nous garde.

Le retour du grand monarque sera proche lorsque le nombre des légitimistes vraiment fidèles sera si petit, qu'à vrai dire on les comptera.

Mais avant le grand monarque, des malheurs très-grands surviendront. Le sang coulera par torrents dans le nord et dans le midi; l'ouest sera préservé à cause de sa foi. Je vois le sang couler comme la pluie dans un orage et les chevaux ayant du sang jusqu'aux sangles. Paris sera détruit, et la charrue y passera.

Alors entre le cri tout est perdu ! et le cri tout est sauvé ! il n'y aura pas d'intervalle.

Les bons n'auront rien à faire. Les républicains anarchistes se dévoreront entre eux.

Le grand monarque fera de si grandes choses que les plus incrédules y reconnaîtront le doigt de Dieu. Sous son règne tout ordre sera rétabli, toute justice sera rendue.

Les châtiments survenants seront la suite de nos crimes.

Si pourtant nous rentrons dans la voie de Dieu et celle de son église, nos maux seront allégés.

Dieu se servira du grand monarque pour détruire les abus et les crimes, et aussi les hérésies.

Il rétablira de concert avec le pontife saint la religion catholique dans tout l'univers, excepté dans la Palestine, terre de malédiction.

Après la crise, il y aura un concile général malgré des oppositions. Enfin il n'y aura qu'un seul troupeau et un seul pasteur; car les infidèles et les hérétiques dont la masse ne se convertira qu'après la mort de la bête, entreront dans le giron de l'Église latine dont le triomphe continuera jusqu'à la destruction de l'Antéchrist.

Prédiction du prince de Hohenlohe.

On avait montré à ce pieux serviteur de Dieu, la prédiction de l'abbé Souffran, il l'examina et la confirma en y ajoutant :

Ces événements commenceront en France et s'étendront dans presque toute l'Europe.

La persécution sera violente ; les méchants auront d'abord des succès, mais au moment où ils croiront toucher au renversement de la religion, la main de Dieu s'appesantira sur eux d'une manière terrible et plusieurs se convertiront. La religion refleurira dans l'univers.

Jamais on n'aura vu une époque aussi belle ni aussi consolante.

Que les fidèles aient confiance en Dieu. Oui, la religion et la justice triompheront. L'Eglise sera glorieuse.....

Mais auparavant encore une fois, la persécution sera violente et fera beaucoup de martyrs.

.....Paris, Lyon, Genève et quatre autres

grandes villes seront détruites!....

Cela arrivera bientôt.

Paris ne sera plus rétabli. Ce ne sera plus qu'un désert sillonné de précipices.

Cette époque peut être retardée par la prière des justes en faveur des méchants, dont un grand nombre se convertira.

Le nombre sera relatif aux prières, aux souffrances et aux œuvres des bons pour obtenir le retour à Dieu.

Je pourrais encore citer en totalité ou en partie des prédictions analogues qu'il est aisé de trouver du reste dans les recueils spéciaux. Ce qui me frappe dans ces prophéties, c'est leur accord général à promettre une ère de prospérité remarquable pour la France et même pour le monde après les événements redoutables dont les principaux traits sont :

1° Guerre entre deux partis : les bons et les méchants;

2° Persécution religieuse;

3° Destruction de Paris et de plusieurs grandes villes;

4° Intervention manifeste de Dieu.

Guerre entre les bons et les méchants.

On ne peut supposer que les prophètes entendent par là la guerre entre la France et l'Allemagne; car, quels que soient les torts du gouvernement prussien, il y avait trop de gens bons et estimables dans les rangs de l'ennemi et trop de mauvais dans nos rangs; il est clair que les prédictions se rapportent à la guerre civile, à la guerre sociale, celle de la Commune de Paris au gouvernement réfugié à Versailles.

La France entière n'est pas encore, comme elle était naguère, sur les bords de la Seine, partagée en deux camps; mais bien des indices donnent à penser qu'il ne tardera pas à en être ainsi. La question sociale va se poser incessamment, et tout concourt à la faire surgir au plus vite : la mauvaise année, les malheurs de la guerre, etc., sans parler de la forme de gouvernement que va se donner la France; et dont le choix, quelqu'il puisse être, ne manquera pas de susciter une foule de mécontents.

Les bons sont, d'une manière générale, les chrétiens, ceux qui ont une croyance arrêtée et la crainte de Dieu. Les mauvais sont tous les autres. Bien des gens sans croyance religieuse, se figurent qu'ils pourront au moins rester neutres; cela ne sera pas possible, le sort des parisiens gens d'ordre, obligés de s'enrégimenter, par la force des circonstances, avec la canaille de la Commune contre Versailles, montre l'avenir du parti révolutionaire modéré. Voyez en ce

moment tous les efforts qui se font pour paraly-
ser la partie de l'assemblée qu'on est convenu
d'appeler réactionaire et les efforts qui se sont
faits pour ramener les communeux à se conten-
ter d'une république modérément révolution-
naire. Ce sont des efforts impuissants. La logique
était avec les communeux partant des principes
révolutionaires et avec les réactionaires de Versailles partant des principes religieux.

Une société ne reste jamais dans cet espèce
de juste milieu; elle tend vers le bien ou vers
le mal dans le rapport moral, de même que le
corps humain dans l'ordre physique tend à se
recomposer et à se décomposer.

Vouloir prendre pour base les idées révolutionaires de 89 et s'arrêter à un terme qui semble suffisant, sera aussi impossible à nos moder-
nes girondins qu'il l'a été à ceux de la grande
révolution.

Les révolutionaires les plus outrés se nom-
ment le parti *avancé*. Ce mot peint bien la situation, les autres sont sur le même chemin,
seulement ils ont été moins vite et avec le
temps ils rattrapperont. Voilà la seule différence.

Persécution religieuse.

Dans ces luttes fratricides la religion doit être persécutée. C'est tout simple; d'abord et surtout, un grand nombre de personnes qui en font profession possèdent, et comme au fond toutes les révolutions ne se font que pour changer les richesses matérielles de mains, il faut leur ravir leurs biens. Ensuite, on sait que la religion condamne ces sortes de choses; si elle rend à César ce qui est à César, elle n'a jamais pactisé avec les fauteurs de désordre qui cachent sous des mots ronflants la brutalité de leurs appétits grosisers et l'inanité la plus complète dans leur système gouvernemental : donc il la faut détruire. Enfin, il est logique d'admettre que le démon inspirateur du mal souffle à ceux qui l'écoutent la destruction de ce qui est le plus propre à le combattre. On affecte la plus grande indifférence en matière religieuse quand on n'est pas au pouvoir; dès que la force est venue, le masque tombe et la persécution commence.

Destruction de Paris et de plusieurs grandes villes.

A l'heure où j'écris ces lignes (derniers jours de mai) la partie des prédictions concernant Paris semble réalisée et réalisée à la lettre. « C'est le feu qui a purgé la place du crime et la Seine a éconduit ses eaux toutes rouges de sang. » Il se pourrait que ce ne fut pas encore fini pour Paris et que d'autres incendies et d'autres combats vinssent consommer sa ruine.

Il y a même lieu de l'inférer du passage du P. Necktou où il est dit : Durant ce bouleversement qui sera général et non pour la France seulement, Paris sera entièrement détruit, le mot bouleversement me paraît se rapporter à la grande crise si épouvantable durant laquelle les éléments seront soulevés et alors qu'on se croira à la fin du monde.

En tout cas il me paraît difficile que ce qui a été détruit soit rétabli.

Les industries ayant besoin de sécurité et de

calme pour prospérer, les gens de plaisir don
le courant depuis un an s'est porté ailleurs
vont se retirer de plus en plus. Quel est le gou
vernement qui accepterait désormais de siége
à Paris? Et quand tous ces éléments lui feron
défaut, comment cette ville pourrait-elle se re
lever? Non, elle continuera de se dépeupler e
d'accumuler des ruines dans son enceinte deve
nue de beaucoup trop large pour sa population

Serait-il difficile de calculer le nombr
d'années nécessaires pour que la charrue pass
sur des emplacements chargés de coquette
maisons il y a un an, et couvert de décombre
informes aujourd'hui? Pour ce qui est de
autres villes, il n'y a à ma connaissance qu'un
prophétie, celle de Mgr de Hohenlohe qu
nomme Lyon et Genève et encore ces destruc
tions doivent-elles être des désastres limités.

Intervention manifeste de Dieu.

Sur ce point comme à l'occasion des prophé
ties, bien des personnes même dévotes n
peuvent se résigner au mervilleeux. Elles s'

refusent ainsi qu'à un breuvage amer. — Du reste, comme je l'ai dit pour les prophéties, c'est la trop grande crédulité des uns qui fait le scepticisme des autres; il y a un juste milieu à garder, mais s'il n'y avait pas moyen de se tenir entre ces deux extrêmes, je préférerais la naïveté des premiers aux raisonnements des autres.

C'est justement parce qu'on est trop disposé en ce moment à tout rationaliser, que je suis porté à croire à une intervention manifeste de Dieu affirmant une fois de plus, qu'au dessus de l'homme et de sa petite cervelle, il y a un pouvoir supérieur. L'école actuelle ne veut plus s'occuper que des causes secondes, en niant la cause première parce que Dieu la gênerait. Elle sera obligée de convenir que cette cause première existe quand elle la verra s'affirmer visiblement.—Dans quelques vingt ans un petit fils de M. Renan imaginera peut-être de dire : on ne sait pas au juste, peut-être bien n'a-t-on été que le jouet d'une illusion, vraisemblablement etc. etc., mais en attendant, ceux qui auront souffert et qui auront vu croiront.

Un célèbre écrivain catholique, Donoso-Cortès, ne disait-il pas que, sur la terre, le mal tend toujours à l'emporter sur le bien, de telle façon qu'au bout d'un certain temps, le bien deviendrait impossible si Dieu ne rétablissait lui-même la balance.

Dans deux circonstances mémorables de l'humanité, le fait s'est accompli : le déluge et la venue du fils de Dieu fait homme.

Ne toucherions-nous pas à une époque aussi critique ? car enfin, si notre globe doit durer encore, il faut qu'on y puisse vivre et comment imaginer un état stable pour le monde et pour la France en particulier sans une intervention spéciale de la divine Providence. L'ordre se maintient dans notre pays depuis la révolution grâce à la force armée dont dispose le gouvernement. — Or depuis la restauration jusqu'à Napoléon III elle a toujours été en augmentant comme soldats et surtout comme gendarmes et agents de police. Peut-on continuer à progresser dans ce sens ? Évidemment non.

Chateaubriand avait bien prévu cette situation quand il disait peu après 1830.

« Nous marchons à l'invasion prochaine de la propriété. Au train où nous allons, les fermiers demanderont bientôt à leurs maîtres pourquoi ils labourent les friches tandis que lui se promène les bras croisés, pourquoi ils n'ont qu'une blouse de toile tandis qu'ils portent une redingote de laine.

« La propriété industrielle n'est pas plus à l'abri que la propriété territoriale, l'ouvrier demandera bientôt au patron d'entrer avec lui le samedi en partage des profits de la semaine, il faudra une garnison de 26,000 hommes dans la ville manufacturière, car ce ne sera pas trop d'un soldat pour monter la garde auprès du serviteur qui mesure une aune de ruban ou de drap. Voilà où conduit le mépris et l'oubli des principes. »

Citons encore Donoso-Cortès : il disait que la cause principale pour ne pas dire unique des révolutions qui agitent l'Europe, était la décroissance de la foi religieuse. C'est aussi pour cela que l'autorité civile ne se peut maintenir que par la rigueur.— Voici sa formule : Quand le thermomètre religieux est élevé, le thermomètre de la répression est bas; quand le thermomètre religieux est bas, le thermomètre politique, la répression politique, la tyrannie s'élève.

Ce thermomètre de répression ne peut monter davantage, il faut donc que vous deveniez religieux ou que la société s'écroule.— J'ai confiance en Dieu et dans l'avenir de la France, mais il me paraît impossible, sans un miracle, que nous sortions du gouffre de l'indifférence religieuse et de l'impiété dans lequel nous avons sombré.

En admettant la réalisation de ces prophéties, il reste un point délicat : c'est de déterminer l'époque.

Dans les prophéties elles-mêmes, il n'y a rien de précis à cet égard.

Le P. Necktou parle de la proximité de ces événements quand l'Angleterre commencera à s'ébranler.

Malgré les progrès de l'internationale dans ce pays et les meetings en faveur de la Commune de Paris, je ne vois pas encore ce signe se réaliser.

L'abbé Souffran dit : « Le retour du grand monarque sera proche quand le nombre des légitimistes vraiment fidèles sera si petit qu'à vrai dire on les comptera. »

La sœur de Blois s'exprime ainsi : « Tant qu'on priera, il n'arrivera rien ; mais il viendra un moment où l'on cessera les prières publiques. On dira : Les choses vont rester comme cela. C'est alors qu'auront lieu les événements ;

néanmoins les prières particulières ne cesseront pas.* »

S'agit-il des prières publiques demandées par l'Assemblée nationale? je ne le pense pas.

En définitive, faute de pouvoir fixer l'époque exacte où ils arriveront, il est peut-être moins difficile de dire quand ces malheureux événements seront terminés.

En effet, Marie Lataste raconte dans le numéro IV du livre VI de ses œuvres, qu'elle entendit sortir de la bouche de Jésus-Christ ces paroles : « Or l'affliction viendra sur la terre, l'oppression régnera dans la cité que j'aime et ou j'ai laissé mon cœur. Elle sera dans la tristesse et la désolation, environnée d'ennemis de toute part, comme un oiseau pris dans les filets. Cette cité paraîtra succomber pendant trois ans et un peu de temps encore après ces trois ans. Mais ma mère descendra dans la cité, elle prendra les mains du veillard assi sur un trône et lui dira : Voici l'heure, lève toi. Regarde tes ennemis, je les fais disparaître les uns après les autres et ils disparurent pour toujours

* Page 51 du livre *La prophétie de Blois* par l'abbé Richaudeau.

« Tu m'as rendu gloire au ciel et sur la terre, je veux te rendre gloire sur la terre et au ciel. »......

Personne ne met en doute que ce ne soit de Rome et de Pie IX dont la prophétesse de Mimbacte veut parler, mais l'éditeur de ses œuvres, l'abbé Pascal Darbius, s'appuyant essentiellement sur le mot *paraît*, veut faire dater ces trois ans et plus de septembre 1867, parce qu'à cette époque Rome serait tombée entre les mains de l'armée italienne, si notre armée à nous n'était arrivée au secours des zouaves pontificaux : « C'est bien de ce moment que Rome paraît succomber. »

J'en demande pardon à M. l'abbé Darbius, mais son interprètation me semble fautive. Elle se fonde uniquement sur ce mot *paraît* et non sur le sens général de la prédiction. — L'oppression d'ailleurs ne peut régner dans une cité avant qu'elle ne soit au pouvoir de l'ennemi, je crois donc être dans le sens général et même littéral de la prédiction, en faisant partir les trois ans et plus de l'époque de l'entrée des Piémontais à Rome fin de septembre 1870. Par conséquent j'ajourne la délivrance de Rome et le triomphe du Pape à la fin de 1873 ou à l'année 1874.

Cette date coïncide à peu près avec la fin du règne de Pie IX, qui d'après les révélations de Maria Taïgi doit durer 27 ans et quelques mois. le Pape aura régné 27 ans le 17 juin 1873,

Voilà qui éloignerait beaucoup l'heure de notre délivrance à nous Français, si celle de Rome (qui lui est très-probablement liée) devait suivre immédiatement, mais ce n'e t pas indispensable et a supposer que, dès la fin de 1871, nous ayons un gouvernement fort, stable et catholique, il pourrait bien se passer 18 mois ou deux ans, avant qu'il ne soit à même de rétablir la papauté à Rome.

Je dirai en terminant qu'il ne faut pas s'effrayer outre mesure de ces prédictions.

Souvent les prophéties ne sont que conditionnelles. Rappelons-nous la prophétie de Jonas aux Ninivites; celle-là était bien inspirée de Dieu, pourtant les Ninivites ne perdirent pas courage, ils implorèrent Dieu avec un tel repentir qu'il leur pardonna et Ninive ne fut pas détruite.

Pourquoi ne pas imiter l'exemple de ses habitants ?

Pour les gens qui aiment qu'on mette les points sur les *i* je vais spécifier dans les principales prophéties les passages qui démontrent les quatre principaux traits dont j'ai esquissé l'histoire.

1° GUERRE ENTRE DEUX PARTIS : BONS ET MAUVAIS.

Prophétie d'Orval. — « Pourtant les justes ne périront pas. »

« Le vieux sang des siècles terminera encore de longues divisions. »

Donc le prophète parle de division et de guerre entre les justes et ceux qui ne le sont pas.

Prophétie du P. Necktou. — N'a pas besoin de commentaire là-dessus pas plus que la prophétie de l'abbé Souffran, ou celle du Prince de Hohenlohe, celle de Blois etc.

2° PERSÉCUTION RELIGIEUSE.

N'est pas dans la prophétie d'Orval, mais le P. Necktou a dit : « Les méchants auront bien l'intention de ruiner l'Église. »

Le Prince de Hohenlohe dit : « La persécution sera violente, les méchants auront d'abord des succès, mais au moment où ils croiront toucher au renversement de la religion, la main de Dieu s'appesantira sur eux. »

La sœur de Blois : « Les prêtres et les religieuses auront grand peur, quelques prêtres se cacheront. »

3° DESTRUCTION DE PARIS.

Prophétie d'Orval. — Malheur à toi grande ville, voici des rois armés par le Seigneur, mais déjà le feu t'a égalée à la terre. — Dans toutes les autres prophéties, Paris est nommément désigné, le P. Necktou, l'abbé Souffran, le Prince de Hohenlohe et d'autres encore.

4° INTERVENTION MANIFESTE DE DIEU.

Le P. Necktou dit : « Il y aura alors un moment si affreux qu'on se croira à la fin du monde, les éléments seront soulevés. »

Le Prince de Hohenlohe : « Paris ne sera plus rétabli, ce ne sera plus qu'un désert sillonné de précipices. » Or, pour qu'il y ait des précipices à

Paris, il faut ce me semble quelque chose ana-
loque à des tremblements de terre.

VISION D'UNE RELIGIEUSE EN 1816. — (*Livre de
prophéties*, imprimé au Mans en 1870, E. Mon-
noyer, éditeur P. 37.)

« Les méchants voulaient exterminer tous
les ministres de la religion de Jésus-Christ.
Ils en avaenit déjà fait périr un grand nombre
et ils criaient déjà victoire, lorsque tout-à-
coup les bons furent ranimés par un *secours
d'en haut*. Les méchants furent alors défaits
et confondus. « Maria Taïgi a prophétisé
d'épaisses ténèbres qui envelopperaient la terre
durant trois jours et feraient mourir surtout les
ennemis hypocrites ou avoués de la sainte
Église.

La sœur de Blois, d'après le livre de M. l'abbé
Richaudeau, aurait parlé d'une nuit dans laquelle
personne ne dormirait, et d'un orage dépassant
les proportions connues, ressemblant à un petit
jugement dernier. *P.* 51.

Le P. H. Luma *dans le recueil des prophéties*
imprimé à Lyon en 1870 par Josserand, *P.* 190
dit ceci : « La Providence tient en réserve un
moyen imprévu qui fera d'un seul coup ce qui

aurait demandé beaucoup de temps, en suivant le cours *naturel* des choses. Ce sera alors que les hommes ouvriront les yeux à la réalité.»

« La semaine religieuse d'Angoulême, 4 décembre 1870 donne communication des paroles suivantes qu'un évêque d'Orient venait d'écrire à Mgr d'Angoulême. »

Le saint Père m'a dit : Le monde est plongé dans le mal, il ne peut pas continuer comme cela ; une main humaine est impuissante à le sauver, il faut que la main de Dieu se manifeste visiblement et je vous dis (et il dit ceci d'un ton inspiré) nous verrons cette main divine avec les yeux de notre corps (et en disant ces paroles, il mit les deux index sur ses augustes yeux. »